PARTYFOOD

Chefclub® NETWORK

PARTYFOOD

CHEFCLUB
VERLAG

INHALTSVERZEICHNIS

DIE REZEPTE ALS VIDEOS

SO FUNKTIONIEREN DIE QR-CODES FÜR DIE CHEFCLUB-VIDEOS

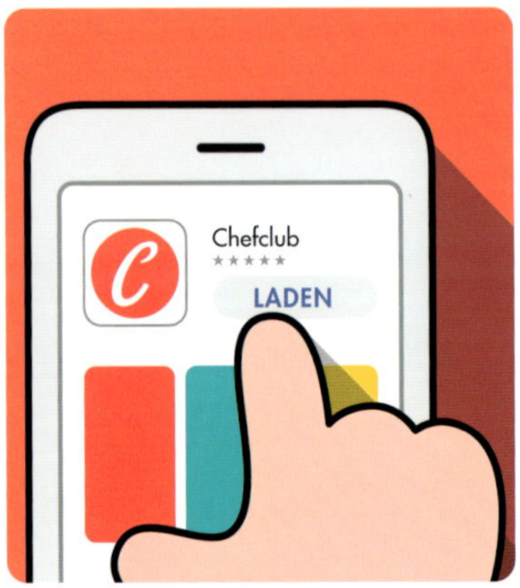

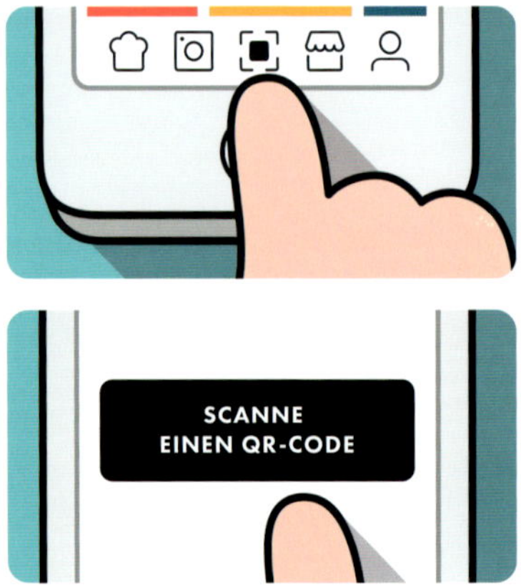

1

Die kostenlose **Chefclub-App** mithilfe des unten stehenden QR-Codes herunterladen.

2

Das QR-Symbol am unteren Bildschirmrand auswählen und auf **„QR-Code scannen“** klicken.

3

Den Rahmen des Scanners über den QR-Code des ausgewählten Rezepts halten. Und schon wird das Rezeptvideo angezeigt!

APP HERUNTERLADEN

EINLEITUNG

Bei Chefclub dreht sich alles um Geselligkeit
Gerichte, die das Miteinander in den Mittelpunkt stellen und die Familie und Freunde dazu einladen, einfach zuzugreifen – das ist seit jeher unser Erfolgsrezept in den sozialen Netzwerken. Unsere Kreationen machen Lust darauf, Gäste zu empfangen und sich bei einem guten Essen köstlich zu amüsieren.

Eine Prise gute Laune
Die Rezepte in diesem Buch stehen alle unter dem Zeichen der Geselligkeit. Sie können mit den Fingern gegessen und von Gast zu Gast weitergereicht werden. Und warum nicht ein feines Tröpfchen dazu servieren? Amüsieren Sie sich gut beim Kochen – das ist schließlich das Wichtigste – und genießen Sie danach Ihre Kreationen, die Sie mit Sicherheit wieder und immer wieder gerne zubereiten werden.

Wir wünschen Ihnen viel Spaß beim Lesen und guten Appetit!

Ihr Chefclub-Team

ZEIT FÜR DEN NÄCHSTEN APERITIF

MINI-APERITIF-SCHIFFCHEN

DIE TOMATEN SETZEN DIE SEGEL

6 PERSONEN

ZUBEREITUNG
35 Minuten

ZUTATEN
3 Blätterteige
5 Tomaten
1 weiße Zwiebel
1 Camembert
Basilikum

MATERIAL
1 Glas
1 Springform

1 Mithilfe eines Glases 9 Kreise aus jedem Blätterteig ausstechen (1). Jeweils zwei gegenüberliegende Seiten leicht aufrollen und die Enden zusammendrücken, sodass kleine Schiffchen entstehen.

2 Tomaten und Zwiebel klein schneiden, Basilikum hacken, vermischen und in die Schiffchen geben (2).

3 Die Schiffchen in einer Springform kreisförmig anordnen (3), in der Mitte Platz den Camembert platzieren. Bei 180 °C 25 Minuten im Ofen garen. Die Springform entfernen, überstehenden Teig und die obere Rinde des Camemberts abschneiden. Die Schiffchen in den Camembert dippen und genießen (4)!

CHEFCLUB-TIPP
Dieses Rezept ist vom georgischen Nationalrezept Chatschapuri inspiriert, einer Art Teigboot, das zumeist mit georgischem Sulguni-Käse und Eiern gefüllt wird. Wenn Ihnen dieses abgewandelte Mini Chatschapuri-Rezept gefällt, trauen Sie sich doch auch mal ans Original heran.

DAS REZEPT ALS VIDEO
Scannen Sie den QR Code oder tippen Sie 48464 in die Chefclub App

1

2

3

4

KNUSPRIGE KIRI®-KROKETTEN

HAPPS UND WEG!

4 PERSONEN

ZUBEREITUNG
15 Minuten

ZUTATEN
Für 8 Kugeln
4 Scheiben Schinken
12 Kiri®
100 g Mehl
3 Eier
150 g Paniermehl
Pflanzenöl
Tomatensoße

MATERIAL
1 Eisportionierer
1 Topf

1 Den Schinken in schmale und gleich lange Streifen schneiden und mit dem Kiri® vermengen (1).

2 Aus der Mischung mithilfe eines Eisportionierers Kugeln formen (2). Die Kugeln panieren und sie dafür jeweils in Mehl, geschlagenem Ei und Paniermehl wenden.

3 In einem Topf Öl erhitzen und die Kugeln frittieren (3) bis sie eine goldbraune Färbung angenommen haben. Mit Tomatensoße servieren und noch warm genießen (4).

CHEFCLUB-TIPP
Sobald die Kiri®-Kugeln paniert sind, empfiehlt es sich, sie eine halbe Stunde in die Gefriertruhe zu legen, damit sie beim Frittieren ihre Form behalten. Wenn Sie es etwas würziger mögen, können Sie Paprika- oder Currypulver hinzugeben, um dem Gericht etwas mehr Pep zu verleihen.

DAS REZEPT ALS VIDEO
Scannen Sie den QR Code oder tippen Sie 72028 in die Chefclub App

1

kiri
kiri
2

3

kiri
4

SUSHI-WÜRFEL

NIE WAREN SUSHIS SO SCHNELL FERTIG

4 PERSONEN

ZUBEREITUNG
20 Minuten

ZUTATEN
300 g Sushi-Reis
1 EL Reisessig
1 EL Zucker
8 Garnelen
1 Avocado
1 Scheibe Räucherlachs
150 g Philadelphia®
2 Surimi-Stäbchen
Sesamsamen
50 g Thunfisch
Mayonnaise
Schnittlauch
Sojasoße

MATERIAL
1 Eiswürfelform
Frischhaltefolie

1 Den Sushi-Reis 20 Minuten in kochendem Wasser garen und dann mit dem Reisessig, dem Zucker und den Sesamsamen mischen (1).

2 Eine Eiswürfelform mit Frischhaltefolie auslegen (2). Eine Avocado schälen und mithilfe eines Sparschälers in dünne Scheiben schneiden (3).

3 In einer Reihe der Eiswürfelform Avocadoscheiben und Surimi-Stäbchen platzieren. In eine weiteren Reihe den geschnittenen Räucherlachs (4) und den Philadelphia® füllen. Die nächste Reihe mit geschnittenem Schnittlauch und Thunfisch bestücken. Die letzte Reihe mit Garnelen und Mayonnaise befüllen.

4 Die Eiswürfelformen mit Reis auffüllen (5) und die gesamte Form (6) 30 Minuten kalt stellen. Die Eiswürfelform auf ein Brettchen umstürzen und die Frischhaltefolie entfernen (7-8). Die Sushis in Sojasoße tunken und genießen (9).

CHEFCLUB-TIPP

So schälen Sie Ihre Avocado ganz einfach: Schneiden Sie die Avocado zunächst der Länge nach durch und entfernen Sie den Stein. Nehmen Sie ein relativ großes Glas zur Hand und nutzen Sie dessen Rand dazu, die Schale der Avocado zu entfernen. Und schon sind Sie fertig!

DAS REZEPT ALS VIDEO
Scannen Sie den QR Code oder tippen Sie 49606 in die Chefclub App

1

2
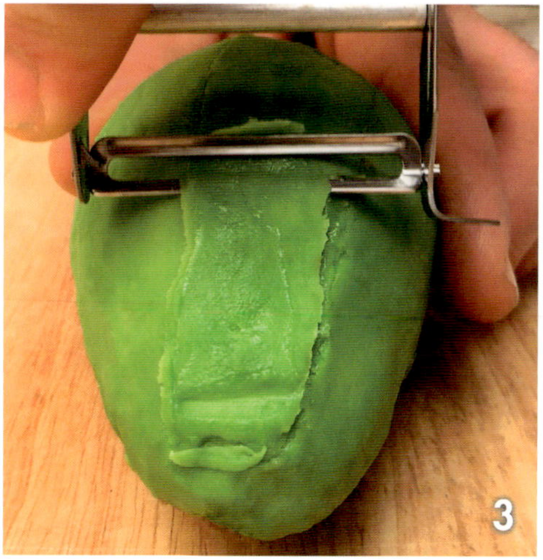
3

4

5

6

7

8

9

MINI-BURGER-SPIESSE

KLEIN – ABER FEIN

4 PERSONEN

ZUBEREITUNG
35 Minuten

ZUTATEN
Für 8 Burger
10 Eier
100 g Mayonnaise
200 g Hackfleisch
10 g Paprikapulver
8 Kirschtomaten
50 g Paniermehl
50 g Mehl
4 Gewürzgurken
Öl
Pfeffer

MATERIAL
8 Spieße

1 8 Eier 8 Minuten in kochendem Salzwasser garen. Die hart gekochten Eier pellen und halbieren (1). Die Eigelbe entfernen und in eine Salatschüssel geben. Mayonnaise, Paprikapulver und Pfeffer hinzufügen (2), dann gut mischen.

2 Die halbierten Kirschtomaten in die hart gekochten Eiweiße legen (3). Jeweils in Mehl, geschlagenen Eiern und Paniermehl (4) wenden und frittieren (5).

3 Mithilfe eines Suppenlöffels kleine Hacksteaks aus dem Hackfleisch formen und diese anbraten (6).

4 Die Hamburger wie folgt zusammensetzen: Ein frittiertes halbes Ei mit 1 TL der Eigelbmasse bestreichen, mit Salat (7) und einem kleinen Steak belegen, erneut mit 1 TL Eigelbmasse bestreichen, eine Scheibe Gewürzgurke darauf legen und mit einer zweiten frittierten Ei-Hälfte abschließen (8). Die Mini-Burger aufspießen und servieren (9).

CHEFCLUB-TIPP
Kochen Sie Ihre Eier in Wasser, das Sie zuvor leicht mit Essig versetzt haben. So läuft das Ei nicht aus der Schale aus, selbst wenn diese einen Riss hat.

DAS REZEPT ALS VIDEO
Scannen Sie den QR Code oder tippen Sie 56664 in die Chefclub App

1

2

3

4

5

6

7

8

9

KÄSE-SCHINKEN-ZOPF

FÜR HUNGRIGE PARTY-GÄSTE

6 PERSONEN

ZUBEREITUNG
15 Minuten

ZUTATEN
400 ml Crème fraîche
1 Blätterteig
5 Scheiben Schinken
10 Scheiben Raclette-Käse
Petersilie

MATERIAL
1 Backblech
Backpapier
1 Schere

1 Crème fraîche auf dem Blätterteig verteilen, mit gehackter Petersilie bestreuen und dann mit Schinkenscheiben bedecken (1-2).

2 Den Blätterteig aufrollen (3) und mit einer Schere einschneiden, ohne den Boden durchzuschneiden (4). Nacheinander jeweils ein eingeschnittenes Stück nach rechts verschieben, ein anderes nach links und eins in der Mitte lassen (5-6).

3 Bei 180 °C 12 Minuten im Ofen backen (7). Währenddessen Raclette-Käse in einem Topf schmelzen (8) und direkt nach dem Servieren über den Schinken-Zopf geben (9).

CHEFCLUB-TIPP

Um nicht zu riskieren, dass der Käse-Schinken-Zopf aus der Form gerät, können Sie ihn 30 Minuten ins Gefrierfach stellen, bevor Sie ihn mit der Schere bearbeiten. Er lässt sich so einfacher und präziser schneiden.

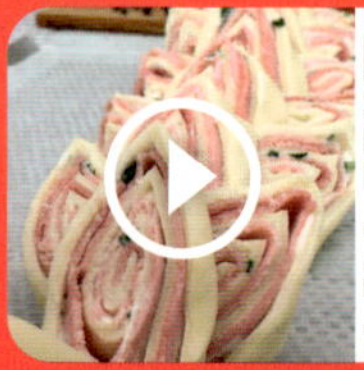

DAS REZEPT ALS VIDEO
Scannen Sie den QR Code oder tippen Sie 89751 in die Chefclub App

1

2

3

4

5

6

7

8

9

ZUCCHINI-TALER

MIT FÜLLUNG ZUM DAHINSCHMELZEN

4 PERSONEN

ZUBEREITUNG
25 Minuten

ZUTATEN
Für 16 Taler
2 Zucchini
1 EL Olivenöl
140 g Frischkäse
50 g geriebener Mozzarella
100 g Spinat
100 g Mehl
1 Ei
100 g Paniermehl
Pflanzenöl
Salz und Pfeffer

MATERIAL
1 Pfanne mit erhöhtem Rand

1 Zucchinis in etwa 2 cm dicke Scheiben schneiden (1). Die Scheiben aushöhlen, die Schale dabei nicht beschädigen. Das Zucchini-Fleisch mit etwas Olivenöl in der Pfanne schwenken (2). Danach den Spinat zwei Minuten in der Pfanne garen.

2 Das Gebratene in einer Schale mit Frischkäse, geriebenem Mozzarella, Salz und Pfeffer vermengen (3-4). Die ausgehöhlten Zucchini-Ringe mit der Mischung füllen (5).

3 Die Zucchini-Taler in Mehl, dann in geschlagenem Ei und anschließend in Paniermehl wenden (6-7). In einer mit Öl gefüllten Pfanne frittieren (8). Guten Appetit! (9)!

CHEFCLUB-TIPP

Für den perfekten Biss, können Sie die Zucchini ein paar Stunden vor dem Kochen dampfgaren und auskühlen lassen. So verlieren die Zucchini-Taler später nicht so viel Wasser und werden besonders knusprig.

DAS REZEPT ALS VIDEO
Scannen Sie den QR Code oder tippen Sie 00190 in die Chefclub App

1

2

3

4

5

6

7

8

9

LASAGNE IM BROT

DER NUDELKLASSIKER IN GANZ NEUER FORM

8 PERSONEN

ZUBEREITUNG
20 Minuten

ZUTATEN
1 Bauernbrot
100 ml Olivenöl
1 Bund Petersilie
1 Knoblauchzehe
1 Zwiebel
500 g Hackfleisch
100 g Tomatensoße
1 TL Kräuter der Provence
500 g Lasagneplatten
200 ml Béchamelsoße
100 g geriebener Mozzarella

MATERIAL
Alufolie
Pinsel

1 Brot aushöhlen. Petersilie und Knoblauch hacken, mit Olivenöl mischen. Das ausgehöhlte Brot mit der Mischung bestreichen (1). Zwiebel hacken und in der Pfanne mit dem Hackfleisch anbraten. Tomatensoße und Kräuter der Provence hinzufügen (2).

2 Brot mit Lasagneplatten auslegen, Fleisch und Béchamelsoße darauf verteilen (3), den Vorgang zweimal wiederholen. Mozzarella auf die Béchamelsoße geben. Ein letztes Mal Lasagneplatten, Fleisch und Béchamelsoße in das Brot geben und mit Mozzarella abschließen.

3 Das Brot in Alufolie einwickeln und 35 Minuten bei 180 °C im Ofen backen. In Streifen schneiden und servieren (4).

CHEFCLUB-TIPP

Kein Fan von Béchamelsoße? Die unkomplizierte Variante: Ersetzen Sie die Béchamelsoße einfach durch Crème fraîche - super lecker und super einfach!

DAS REZEPT ALS VIDEO
Scannen Sie den QR Code oder tippen Sie 46849 in die Chefclub App

1

2

3

4

APERITIF-SPIESSE

SEIEN SIE MAL SO RICHTIG SPIESSIG

4 PERSONEN

ZUBEREITUNG
25 Minuten

ZUTATEN
Für 8 Spieße
1 Blätterteig
12 Kirschtomaten
200 g Cheddarkäse
12 grüne Oliven
12 Cocktailwürstchen
2 Eigelbe
Senf
Ketchup

MATERIAL
8 Spieße
1 Backblech
Backpapier
Pinsel

1 Den Blätterteig in etwa 2 cm breite Streifen schneiden (1). Den Cheddarkäse würfeln (2).

2 Die Hälfte der Spieße wie folgt bestücken: Mehrfach einen Streifen Blätterteig unter einen Cheddarwürfel und über eine Kirschtomate führen (3). Mit der anderen Hälfte der Spieße ebenso verfahren, dabei grüne Oliven (4) und Cocktailwürstchen abwechseln. Am Ende alles mit Spießen fixieren (5).

3 Die Spieße auf ein mit Backpapier belegtes Backblech legen (6), mit Eigelb bestreichen (7) und dann 20 Minuten bei 210 °C im Ofen backen. Mit Senf und Ketchup servieren (8-9).

CHEFCLUB-TIPP

Damit dieses Rezept gut gelingt, müssen Sie den Blätterteig schnell verarbeiten. Je wärmer er wird, desto schwieriger wird es, mit ihm zu arbeiten. Rollen Sie ihn daher auf einem Schneidebrett aus und stellen Sie ihn 10 Minuten ins Gefrierfach. So dürfte Ihnen ausreichend Zeit bleiben, ehe der Teig wieder weich wird.

DAS REZEPT ALS VIDEO
Scannen Sie den QR Code oder tippen Sie 86317 in die Chefclub App

1
2
3
4
5
6
7
8
9

GEFÜLLTE BAGUETTE-STICKS

PIZZA-STANGEN IM HANDLICHEN FORMAT

4 PERSONEN

ZUBEREITUNG
10 Minuten

ZUTATEN
1 rechteckiger Pizzateig
200 g Rinderhackfleisch
200 ml Tomatensoße
1 Zwiebel
1 Knoblauchzehe
150 g geriebener Mozzarella
150 g geriebener Cheddarkäse
Olivenöl
Petersilie

MATERIAL
1 Backblech
Backpapier

1 Den Teig in 4 gleich lange Streifen schneiden. Das Hackfleisch mit der Tomatensoße, der gehackten Zwiebel und dem gehackten Knoblauch in einer Pfanne braten (1). Dann die Mischung auf die Teigstreifen geben und mit Mozzarella, Cheddarkäse (2) und klein geschnittener Petersilie bestreuen.

2 Die Streifen der Länge nach falten und verschließen (3), um kleine Baguettes zu formen. Auf ein mit Backpapier bedecktes Backblech legen, mit Olivenöl bestreichen und dann 10 Minuten bei 210 °C im Ofen backen.

3 Die Baguettes im Anschluss erneut mit Cheddarkäse und Mozzarella bestreuen und weitere 5 Minuten im Ofen backen. Mit klein geschnittener Petersilie dekorieren und servieren (4).

CHEFCLUB-TIPP

Vorsicht mit dem Käse! Streuen Sie nicht zu viel auf Ihre Baguettes, damit diese sich noch gut verschließen lassen. Wenn Sie zu sehr am Teig ziehen, laufen Sie Gefahr, dass dieser beim Backen aufreißt.

DAS REZEPT ALS VIDEO
Scannen Sie den QR Code oder tippen Sie 84803 in die Chefclub App

1

2

3

4

DREIERLEI NUGGETS

HERRLICH KNUSPRIG UND BLITZSCHNELL ZUBEREITET

4 PERSONEN

ZUBEREITUNG
15 Minuten

ZUTATEN
3 Päckchen Chips (verschiedene Geschmacksrichtungen)
4 Hähnchenfilets
200 ml Olivenöl
2 Knoblauchzehen
1 Zitrone
1 Limette
Pfeffer

MATERIAL
1 Salatschüssel
1 Backblech

1 Die Hähnchenfilets würfeln und in eine Schüssel legen. Mit Olivenöl bedecken und pfeffern. Gehackten Knoblauch, Zitronen- und Limettenscheiben hinzufügen und gut durchmischen (1). 30 Minuten kalt stellen.

2 Die Chips-Packungen öffnen und dann die Chips in den Packungen zerdrücken. In jede Chips-Packung mehrere Hähnchen-Würfel geben und dann gut schütteln.

3 Die so entstandenen Nuggets auf ein Backblech legen (2-3) und bei 180 °C 20 Minuten im Ofen backen. Mit Ketchup und Senf servieren (4).

CHEFCLUB-TIPP
Um den Nuggets noch etwas mehr Pep zu verleihen, können Sie zu Ihrer Marinade fein geschnittene Peperoni hinzufügen. Die Nuggets sind auch in dieser etwas würzigeren Version sehr lecker. Aber Vorsicht! Beißen Sie lieber nicht auf die Samen der Peperoni – die sind sehr, sehr scharf!

DAS REZEPT ALS VIDEO
Scannen Sie den QR Code oder tippen Sie 77906 in die Chefclub App

Lay's
Barbecue
Cheetos
oritos
NACHO CHEESE
1

2

3

4

KÄSEHÄPPCHEN-TRIO

3 KÄSESORTEN WERFEN SICH IN SCHALE

8 PERSONEN

ZUBEREITUNG
30 Minuten

ZUTATEN
Für 8 Käsehäppchen
9 Würstchen
3 Babybel®
3 Vache qui rit®
2 Kiri®
2 Blätterteige
2 Eigelb
Petersilie

MATERIAL
1 Backblech
Backpapier

1 3 Würstchen 7-mal einschneiden (1), um 8 gleich große Teile zu erhalten. Darauf achten, dass die Teile miteinander verbunden bleiben. Die eingeschnittenen Würstchen biegen, bis sie einen Kreis bilden. In die Mitte des Kreises einen Babybel® legen, sodass sich eine Blume ergibt (2). 3 weitere Würstchen so einschneiden, dass sich 3 gleich große Teile ergeben. Diese Würstchen jeweils um eine Ecke La vache qui rit®-Käse legen (3). Die restlichen Würstchen so einschneiden, dass sich 4 gleich große Teile ergeben. Diese Würstchen jeweils um ein Stück Kiri®-Käse legen (4).

2 Die Blumen, Dreiecke und Quadrate auf Blätterteige legen (5). Die Kontur der Käsehäppchen mithilfe eines Messers in den Teig schneiden. Dabei 1 cm Teig um die Häppchen herum lassen (6). Dann den Teig nach innen klappen und in jede Kerbe hineindrücken (7).

3 Die Häppchen auf ein mit Backpapier bedecktes Backblech legen (8). Mit Eigelb bestreichen und bei 180 °C 15 Minuten im Ofen backen. Anschließend mit Petersilie bestreuen und mit Salatblättern servieren (9).

CHEFCLUB-TIPP
Anstatt die Wachs-Verpackung des Babybels wegzuwerfen, upcyclen Sie sie lieber zur Kerze! Dafür einfach das Wachs in einem Marmeladenglas im Wasserbad schmelzen lassen. Platzieren Sie einen Docht in der Mitte des Glases, das Sie für die Kerze ausgesucht haben, und geben Sie das geschmolzene Wachs hinzu. Schon haben Sie eine dekorative Kerze und weniger Abfall!

DAS REZEPT ALS VIDEO
Scannen Sie den QR Code oder tippen Sie 28575 in die Chefclub App

1
2
3
4
5
6
7
8
9

MINI-BURGER

MCDONALD'S® IM MINIATUR-FORMAT

4 PERSONEN

ZUBEREITUNG
25 Minuten

ZUTATEN
2 Pizzateige
100 g Hackfleisch
4 Hähnchennuggets
3 Fischstäbchen
2 Scheiben Cheddarkäse
2 Scheiben Edamer Käse
4 Kirschtomaten
2 Eigelb
2 Gewürzgurken
½ Zwiebel
Senf
Burgersoße
Mayonnaise
Remoulade
Ketchup
Sesamsamen

MATERIAL
1 Eiswürfelform
1 Backblech
Backpapier

1 Einen Pizzateig über der Eiswürfelform ausbreiten (1) und vorsichtig mit dem Finger die Würfel formen (2).

2 In einer Reihe der Eiswürfelform jeweils ein Stück Hackfleisch, ein Stück Cheddar, eine Scheibe Cornichon, etwas Ketchup und Senf platzieren. In einer weiteren Reihe ein Stück Hackfleisch, ein Stück Cheddar, eine halbe Kirschtomate und etwas Burgersoße platzieren. Die dritte Reihe mit einem Stück Nugget, einem Stück Edamer und etwas Mayonnaise füllen. In der letzten Reihe Fischstäbchen, gehackte Zwiebel und Remoulade platzieren (3).

3 Die Eiswürfelform mit dem zweiten Pizzateig bedecken, fest andrücken und überstehenden Teig abschneiden (4). Auf einem mit Backpapier belegtem Blech umstürzen, mit Eigelb bestreichen (5) und mit Sesamkörnern garnieren (6). Die Mini-Burger schneiden (7) und 15 Minuten bei 180 °C im Ofen backen. Mit Pommes und Soße genießen (8-9).

CHEFCLUB-TIPP

Das mysteriöse McDonald's®-Burgersoßen-Rezept kennen wir leider nicht, aber diese Mischung kommt ihm doch recht nahe: Mischen Sie 2 EL Mayonnaise, 1 TL Senf, etwas Essig, Ketchup, Knoblauchpulver, Salz und Pfeffer. Geben Sie zwei kleingehackte Gewürzgurken hinzu und stellen Sie die Soße kalt.

DAS REZEPT ALS VIDEO
Scannen Sie den QR Code oder tippen Sie 44197 in die Chefclub App

1
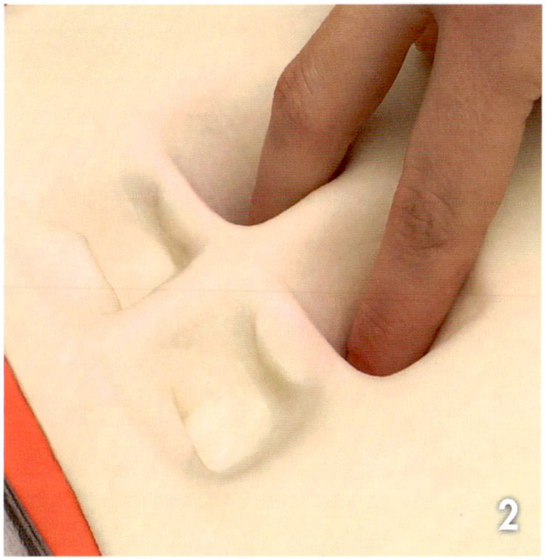
2

3

4

5

6

7

8

9

APERITIF HOCH 3

GRÜSSE AUS DER CHEFCLUB-KÜCHE

8 PERSONEN

ZUBEREITUNG

40 Minuten

ZUTATEN

Für 16 Stück

1 rechteckiger Pizzateig
150 ml Tomatensoße
100 g geriebener Mozzarella
250 g Rinderhackfleisch
2 Knoblauchzehen
1 EL Olivenöl
4 Scheiben Schinken
5 Scheiben Emmentaler
3 Blätterteige
6 Mozzarella-Bällchen
6 Kirschtomaten
6 entsteinte Oliven
6 Cocktailwürstchen
3 Eigelbe
Basilikum
Petersilie
Salz und Pfeffer

MATERIAL

3 Spieße
1 Glas
1 Backblech

1 Zubereitung der Spieße:
Den Pizzateig in drei Rechtecke schneiden, dann Tomatensoße, geriebenen Mozzarella und Basilikum darauf geben (1). Die Rechtecke der Länge nach aufrollen. Hackfleisch, gehackten Knoblauch, Petersilie und Olivenöl mischen, dann salzen und pfeffern (2). Aus der Masse 9 Hackbällchen formen. Jede Pizzateigrolle um je drei Hackbällchen schlängeln und dann mit einem Spieß aufspießen (3).

2 Zubereitung der Sonnen:
Auf einen Blätterteig Schinken und Emmentaler legen, den Teig aufrollen (4) und in 3 cm dicke Scheiben schneiden. Aus dem 2. Teig mit einem Glas 6 Scheiben ausstechen. Die Mitte jeder Scheibe sternförmig einschneiden, die Spitzen nach außen klappen (5), sodass eine Sonnenform entsteht. Die Röllchen in der Sonne platzieren (6).

3 Zubereitung der Blumen:
Den übrig gebliebenen Blätterteig in 12 Streifen schneiden (10 x 2 cm). Die Streifen zu Ringen formen und je drei von ihnen nebeneinander legen. Jeweils zwei Ringgruppen mit Mozzarella-Bällchen und Kirschtomaten (7), die anderen beiden Ringgruppen mit Oliven und Cocktailwürstchen bestücken. Jede Dreiergruppe in der Mitte zusammendrücken (8), sodass insgesamt 4 Blumen entstehen. Alle Häppchen mit Eigelb bestreichen, dann bei 180 °C 8 Minuten im Ofen backen. Warm servieren (9).

CHEFCLUB-TIPP

Für knusprige Gerichte sollten Sie Ihren Ofen am besten auf Ober- und Unterhitze einstellen. Für saftige Gratins ist Umluft besser.

DAS REZEPT ALS VIDEO

Scannen Sie den QR Code oder tippen Sie 25205 in die Chefclub App

1

2

3

4

5

6

7

8

9

KÄSEKROKETTEN AM STIEL

MIT LECKEREM EIER-DIP AUS DEM OFEN

4 PERSONEN

ZUBEREITUNG
20 Minuten

ZUTATEN
200 ml Crème fraîche
10 Eier
150 g Speckwürfel
150 g geriebener Emmentaler
200 g Emmentaler
100 g Mehl
200 g Paniermehl
Pflanzenöl
Petersilie
Salz und Pfeffer

MATERIAL
4 kleine Auflaufformen
8 Eisstiele

1 In jedes Auflaufförmchen Crème fraîche, klein geschnittene Petersilie, 2 Eier, Speckwürfel und geriebenen Emmentaler geben (1). Salzen, pfeffern und dann bei 180 °C 10 Minuten im Ofen backen.

2 Die Eisstiele in das Stück Emmentaler stecken. Dann das Stück Käse so schneiden, dass 8 Emmentaler am Stiel entstehen (2). Die Emmentaler-Stücke in Mehl, geschlagenen Eiern (3) und Paniermehl wenden und dann frittieren.

3 Den Eier-Dip mit klein geschnittener Petersilie dekorieren und dann mit den Käsekroketten servieren. Viel Spaß beim Dippen (4)!

CHEFCLUB-TIPP
Verleihen Sie Ihren Käsekroketten das gewisse Etwas, indem Sie das Paniermehl mit gehackten Haselnüssen mischen. So schmeckt es doppelt so gut!

DAS REZEPT ALS VIDEO
Scannen Sie den QR Code oder tippen Sie 97139 in die Chefclub App

1

2

3

4

RUCKIZUCKI-ZUCCHINI-COOKIES

EIN HERZHAFTER KNUSPERGENUSS

6 PERSONEN

ZUBEREITUNG
20 Minuten

ZUTATEN
Für 12 Cookies
4 Zucchini
100 g Mehl
1 Ei
50 g Parmesan
4 Scheiben roher Schinken
150 g geriebener Mozzarella
Tomatensoße
Salz

MATERIAL
1 Käsereibe
1 Backblech
Backpapier

1 Die Zucchini mithilfe einer Käsereibe reiben. Salzen und dann mit einem Küchentuch auspressen (1). Die geriebene Zucchini, das Mehl, das Ei und den Parmesan mischen (2).

2 Auf einem mit Backpapier bedeckten Backblech aus der Mischung Kugeln formen und andrücken. Auf jede Scheibe rohen Schinken und Mozzarella legen (3). Mit der restlichen Teigmischung bedecken.

3 Bei 200 °C 20 Minuten im Ofen backen. Dabei regelmäßig die Farbe der Cookies überprüfen. Mit Tomatensoße servieren und warm genießen (4).

CHEFCLUB-TIPP
So wählen Sie die richtige Zucchini aus: Sie muss schwer und klein sein, ihre Haut sollte glänzen und keine braunen Stellen aufweisen. Sie können sie 4 bis 6 Tage an einem kühlen und trockenem Ort aufbewahren.

DAS REZEPT ALS VIDEO
Scannen Sie den QR Code oder tippen Sie 57049 in die Chefclub App

1

2

3

4

CREMIGE ZWIEBELSUPPE

WOHLIGE WÄRME FÜR KALTE TAGE

4 PERSONEN

ZUBEREITUNG
30 Minuten

ZUTATEN
1 rundes Brot
1 Knoblauchzehe
15 Scheiben Bacon
20 g Butter
2 weiße Zwiebeln
1 rote Zwiebel
1 TL Zucker
250 ml Sahne
30 g geriebener Mozzarella
30 g geriebener Emmentaler
Petersilie

MATERIAL
1 Backblech
Backpapier

1 Den oberen Teil des Brotes abschneiden (1) und in Stäbchen schneiden (2). Jedes Stäbchen in Bacon einwickeln. Den Rest des Brotes aushöhlen, sodass es als Schale dienen kann. Eine Knoblauchzehe über die Innenwände der Brotschale reiben (3), dann klein geschnittene Petersilie darin verstreuen.

2 Butter in einem Topf schmelzen, dann klein geschnittene Zwiebeln und Zucker hinzufügen. Gut durchmischen und Zwiebeln garen. Wenn die Zwiebeln eine schöne Farbe angenommen haben, die Sahne hinzufügen (4-5), aufkochen lassen und dann die Masse in das Brot füllen (6).

3 Das Brot und die mit Bacon umwickelten Brotstäbchen auf ein mit Backpapier bedecktes Backblech legen. Mozzarella und Emmentaler auf die Suppe geben (7) und bei 180 °C 10 Minuten im Ofen backen. Im Anschluss die Brotstäbchen in die Zwiebelsuppe tunken und genießen (8-9).

CHEFCLUB-TIPP

Um das Brot mit Knoblauch einzureiben, ohne sich die Hände schmutzig zu machen, empfiehlt es sich, die Knoblauchzehe mit einem Messer zu schälen und sie danach auf eine Gabel zu stecken. So verhindern Sie, dass Ihre Hände einen unangenehmen Geruch annehmen.

DAS REZEPT ALS VIDEO
Scannen Sie den QR Code oder tippen Sie 80759 in die Chefclub App

1

2

3

4

5

6

7

8

9

MOZZARELLA-STICKS DELUXE

DIE NEUAUFLAGE DES FINGERFOOD-KLASSIKERS

4 PERSONEN

ZUBEREITUNG

15 Minuten

ZUTATEN

Für 8 Sticks
1 dicke Kartoffel
1 Kugel Mozzarella
8 Scheiben Chorizo
2 Eigelbe
100 g Paniermehl
Pflanzenöl
Ketchup

MATERIAL

1 Gemüsereibe
1 Pfanne mit hohem Rand

1 Die Kartoffel der Länge nach halbieren und dann mithilfe einer Gemüsereibe in dünne Scheiben schneiden. Eine Scheibe Chorizo in die Mitte jeder Kartoffelscheibe legen (1).

2 Den Mozzarella in Stäbchen schneiden (2). Ein Stück Mozzarella mittig auf jede Scheibe Chorizo legen, dann die Kartoffelscheibe aufrollen, um kleine Stäbchen zu formen.

3 Die Stäbchen nacheinander in die geschlagenen Eigelbe (3) und das Paniermehl tauchen, dann in einer Pfanne frittieren. Die Stäbchen mit Ketchup servieren und warm genießen (4).

CHEFCLUB-TIPP

Wenn Sie Kartoffeln frittieren wollen, sollten Sie die Sorte Bintje auswählen. Ihr Fruchtfleisch ist mehlig und eignet sich somit bestens für eine Zubereitung in der Fritteuse, da es weniger Öl aufnimmt als andere Sorten. Auch Püree und Chips gelingen mit dieser Sorte perfekt.

DAS REZEPT ALS VIDEO

Scannen Sie den QR Code oder tippen Sie 10488 in die Chefclub App

1

2

3

4

BROKKOLI-FRIKADELLEN

DIE SCHMECKEN SOGAR GEMÜSEMUFFELN

6 PERSONEN

ZUBEREITUNG
15 Minuten

ZUTATEN
1 Brokkoli
2 Knoblauchzehen
150 g Paniermehl
3 Eier
100 g Speckwürfel
200 g geriebener Mozzarella
Sour Cream

MATERIAL
1 Topf
1 Mixer
1 Backblech
Backpapier

1 Brokkoli kurze Zeit in Salzwasser garen und anschließend im Mixer zerkleinern (1).

2 Den zerkleinerten Brokkoli in eine Schüssel geben und mit Knoblauch, Paniermehl, Eier, Speckwürfeln und geriebenem Mozzarella vermischen (2).

3 Die Mischung mit den Händen zu kleinen Bällchen formen (3) und im Backofen bei 180 °C 15 Minuten backen. Mit Sour Cream servieren (4).

CHEFCLUB-TIPP
Sie haben keinen Mixer zu Hause? Kein Problem! Der Brokkoli lässt sich wunderbar mit Hilfe eines Pürierstabs zerkleinern. Wer ganz auf elektronische Hilfsmittel verzichten möchte, kann ihn auch mit einer Schere kleinschneiden, dies ist allerdings etwas mühsamer.

DAS REZEPT ALS VIDEO
Scannen Sie den QR Code oder tippen Sie 78407 in die Chefclub App

1

2

3

4

FRISCHKÄSE-RAVIOLI

SCHNELL & LECKER

8 PERSONEN

ZUBEREITUNG
20 Minuten

ZUTATEN
Für 16 Frischkäse-Ravioli
8 Scheiben Toastbrot
4 Scheiben Schinken
16 Kiri®
2 Eier
200 ml Milch
Tomatensoße

MATERIAL
1 Nudelholz
1 Pfanne

1 Toastscheiben mithilfe des Nudelholzes ausrollen. Je vier Rechtecke der Größe eines Kiris® aus einer Scheibe Schinken schneiden. Vier Rechtecke Schinken gleichmäßig auf je einem Toast verteilen und je einen Kiri® darauf platzieren, sodass etwas Abstand zum Rand und zur Mitte bleibt (1).

2 Jedes belegte Toast mit einem Toast zudecken. Die Schinken-Kiri®-Hügel voneinander abgrenzen und in vier Rechtecke schneiden. Mithilfe einer Gabel die Seiten verschließen (2).

3 Eier und Milch vermengen und die Raviolis hineintunken, dann in einer Pfanne mit etwas Öl von beiden Seiten anbraten (3). Mit warmer Tomatensoße servieren (4).

CHEFCLUB-TIPP

Sie haben kein Toastbrot zur Hand? Dieses Rezept funktioniert auch wunderbar mit Pizzateig. Einfach so vorgehen, wie im Rezept beschrieben und dann mit wenig Öl in der Pfanne zubereiten. Sobald sich kleine Bläschen auf dem Teig bilden, sind die Ravioli fertig.

DAS REZEPT ALS VIDEO
Scannen Sie den QR Code oder tippen Sie 85034 in die Chefclub App

1

2

3

4

WEISSWURST-BREZEL

DIE BREZEL MIT PERFEKTER FÜLLUNG

6 PERSONEN

ZUBEREITUNG
60 Minuten

ZUTATEN
500 g Mehl
1 Päckchen Trockenhefe
50 g geschmolzene Butter
350 ml Milch
9 Weißwürste
100 g geriebener Mozzarella
1 Glas süßer Senf
Petersilie

1 Mehl, Hefe, geschmolzene Butter und Milch zu einem glatten Teig vermengen (1), eine halbe Stunde gehen lassen. Den Teig rollen (2) und anschließend zu einer Brezel « knoten », indem beide Ende zweimal umeinander geschlagen werden (3). Brezel plattdrücken.

2 Weißwürste garen und die Haut abziehen. Weißwürste auf der platten Brezel verteilen (4) und mit dem Teig umschließen (5-6).

3 Mit geriebenem Mozzarella bestreuen und bei 180 °C 30 Minuten backen (7). Mit Petersilie bestreuen und die Löcher der Brezel mit süßem Senf füllen (8). Brezel anschneiden und in den süßen Senf tunken (9).

CHEFCLUB-TIPP

Weißwürste werden nicht gern gekocht, daher das kochende Wasser am besten vom Herd nehmen, die Weißwürste hineingeben und abgedeckt 10-15 Minuten ziehen lassen. Anstelle des Mozzarellas können Sie auch wunderbar geriebenen Emmentaler verwenden.

DAS REZEPT ALS VIDEO
Scannen Sie den QR Code oder tippen Sie 81787 in die Chefclub App

1

2

3

4

5

6

7

8

9

WÜRSTCHEN-FONDUE

SO SCHMECKT DIE KALTE JAHRESZEIT

8 PERSONEN

ZUBEREITUNG
20 Minuten

ZUTATEN
1 Briekäse
100 g getrocknete Tomaten
1 Knoblauchzehe
2 Blätterteige
10 Würstchen
1 Eigelb
Schnittlauch

MATERIAL
1 Backblech
Backpapier

1 Die obere Rinde des Briekäses kreisförmig einschneiden und den so entstandenen Deckel abheben. Das Innere des Briekäses mit getrockneten Tomaten, gehacktem Knoblauch und klein geschnittenem Schnittlauch garnieren (1). Den Käse mit dem Deckel verschließen. Den garnierten Briekäse in die Mitte eines Blätterteigs legen.

2 5 Würstchen um den Briekäse herum platzieren (2). Den Rand des Teigs über die Würstchen falten und jede Wurst in 5 Stücke schneiden (3). Die Würstchen strahlenförmig nach außen drehen (4-5).

3 Aus dem zweiten Blätterteig Streifen schneiden, die genauso lang und dreimal so breit wie die restlichen Würstchen sind. Dann jedes Würstchen in einen Streifen einrollen (6). Jedes Würstchen in 5 Stücke schneiden. Die Wurststückchen auf den ersten Würstchen-Kranz legen (7). Mit Eigelb bestreichen, auf ein mit Backpapier bedecktes Backblech legen und bei 200 °C 20 Minuten im Ofen backen. Den Deckel des Briekäses entfernen (8) und ofenwarm servieren (9).

CHEFCLUB-TIPP

Anstelle des Reblochon können Sie auch einen milderen Brie nutzen. Wer es etwas kräftiger im Geschmack mag, kann es auch mit einem Camembert versuchen.

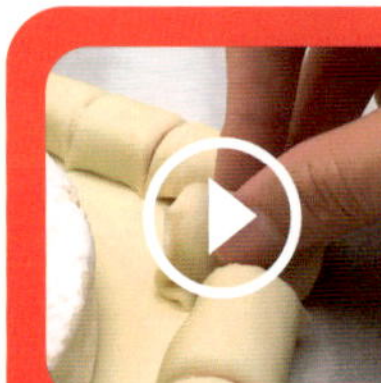

DAS REZEPT ALS VIDEO
Scannen Sie den QR Code oder tippen Sie 91547 in die Chefclub App

1

2

3

4

5

6

7

8

9

BLÄTTERTEIG-KNÖPFE

EIN HERZHAFTER KNABBERSPASS

3 PERSONEN

ZUBEREITUNG
25 Minuten

ZUTATEN
Für 9 Blätterteig-Knöpfe
2 Mürbeteige
2 Scheiben Räucherlachs
50 ml Crème fraîche
3 Scheiben Schinken
1 Kugel Mozzarella
3 Kirschtomaten
50 ml Tomatensoße
50 g Edamer
50 g Mimolette
1 Eigelb
Dill

MATERIAL
1 Glas
1 Strohhalm
1 Backblech
Backpapier

1 Mithilfe eines Glases 18 Kreise aus dem Blätterteig ausstechen (1-2). Jeweils drei Kreise mit gleicher Kombination garnieren.
1. Crème fraîche, Räucherlachs und Dill (3).
2. Schinken, Mozzarella, Tomatenscheiben (4).
3. Tomatensoße, Edamer und Mimolette (5).

2 Mit einem Strohhalm jeweils 4 kleine Löcher in die restlichen Kreise stechen (6-7) und auf die belegten Kreise legen, umso die Knöpfe zu formen. Mithilfe des Glases, die Ränder miteinander verschließen (8).

3 Die Blätterteig-Knöpfe auf ein mit Backpapier belegtes Blech legen und mit Eigelb bestreichen. Bei 180 °C 20 Minuten im Ofen backen (9).

CHEFCLUB-TIPP
Häufig nutzen wir in unseren Rezepten nur den Teil eines Kräuterstrauches. Was also tun mit dem Rest? Den können Sie hacken und einfrieren, oder aber in Küchenpapier einrollen, dieses befeuchten und im Kühlschrank aufbewahren. So bleibt übrigens auch Ihr Salat länger frisch: Einfach ein angefeuchtetes Küchen- oder Geschirrhandtuch drauflegen.

DAS REZEPT ALS VIDEO
Scannen Sie den QR Code oder tippen Sie 65043 in die Chefclub App

1

2

3

4

5

6

7

8

9

KNUSPER-CANNELLONI

MIT PIKANTER ARRABIATA-SOSSE

6 PERSONEN

ZUBEREITUNG
40 Minuten

ZUTATEN
Für 12 Cannelloni
6 Cannelloni
120 g gehackte Tomaten
2 Knoblauchzehen
3 Tropfen roter Tabasco®
24 Mozzarella-Bällchen
150 g Mehl
4 Eier
100 g Paniermehl
Petersilie

MATERIAL
1 Gefrierbeutel
1 Backblech
Backpapier

1 Die Cannelloni 3 Minuten in kochendem Salzwasser garen (1), dann abtropfen lassen und halbieren.

2 Die gehackten Tomaten, den klein geschnittenen Knoblauch, den Tabasco® und die klein geschnittene Petersilie in einer Pfanne kochen (2). Die Soße dann in einen Gefrierbeutel füllen. Ein Ende jeder Cannelloni mit einem Mozzarella-Bällchen bestücken. Eine Ecke des Gefrierbeutels abschneiden, um einen Spritzbeutel zu formen und die Cannelloni mit der Soße zu garnieren. Dann jede Cannelloni mit einem zweiten Mozzarella-Bällchen verschließen.

3 Die Nudeln nacheinander in Mehl, geschlagenen Eiern und Paniermehl wenden. Die Cannelloni auf ein mit Backpapier bedecktes Backblech legen (3) und bei 190 °C 15 Minuten im Ofen backen. Alternativ können die Cannelloni auch frittiert werden. Mit Salat servieren und ofenwarm genießen (4).

CHEFCLUB-TIPP
Um den Frittiergeruch in Ihrer Küche auf ein Minimum zu reduzieren, kochen Sie einfach weißen Essig in einem Topf ohne Deckel. Die Essigdämpfe absorbieren die starken Gerüche im Handumdrehen.

DAS REZEPT ALS VIDEO
Scannen Sie den QR Code oder tippen Sie 72061 in die Chefclub App

1

2

3

4

MINI-LACHSBRÖTCHEN

KROSS GEBACKEN MIT FEINEM KRÄUTERFRISCHKÄSE

4 PERSONEN

ZUBEREITUNG

20 Minuten

ZUTATEN

Für 8 Mini-Lachsbrötchen

4 Scheiben Toastbrot
½ Packung Kräuterfrischkäse
4 Scheiben Räucherlachs
300 g Paniermehl
3 Eier
100 ml Milch
Crème fraîche
Dill
Pflanzenöl

MATERIAL

1 Sektglas
1 Pfanne mit hohem Rand

1 Mithilfe eines umgedrehten Sektglases aus jeder Toastbrotscheibe 4 runde Scheiben ausstechen (1). Anschließend 8 Scheiben Räucherlachs ausstechen.

2 Jedes Brot-Scheibchen mit etwas Kräuterfrischkäse bestreichen (2). Dann je eine Scheibe Räucherlachs auf die Scheibchen legen (3), mit etwas Dill dekorieren (4), und mit einem weiteren Brot-Scheibchen abschließen (5).

3 Eier und Milch in einer Schüssel verrühren, dann die Mini-Lachsbrötchen panieren. Dazu nacheinander in der Eiermischung (6) und dem Paniermehl (7) wenden. Mit etwas Olivenöl bei niedriger Temperatur in einer Pfanne braten (8). Mit Crème fraîche und Dill servieren und noch warm genießen (9).

CHEFCLUB-TIPP

Um ganz im Sinne der Zero-Waste-Bewegung zu handeln, können Sie aus den Räucherlachs-Resten kleine Vorspeisen zaubern, die Sie in kleinen Gläschen präsentieren. Bereiten Sie dazu eine Mischung aus Frischkäse, Dill und Lachs zu. Füllen Sie dann abwechselnd eine Schicht dieser Mischung und eine Schicht Avocado-Würfel in die Gläschen.

DAS REZEPT ALS VIDEO

Scannen Sie den QR Code oder tippen Sie 84453 in die Chefclub App

1
2
3
4
5
6
7
8
9

APERITIF-BÄUMCHEN

PFLÜCKEN SIE SEINE HERZHAFTEN FRÜCHTE

8 PERSONEN

ZUBEREITUNG
35 Minuten

ZUTATEN
Für ein 40 cm hohes Aperitif-Bäumchen
6 rechteckige Pizzateige
40 entsteinte grüne Oliven
40 Kirschtomaten
40 Cocktailwürstchen
5 Eigelbe
100 ml Sahne
250 g Raclette-Käse
Petersilie

MATERIAL
1 Backblech
Backpapier
2 Stücke Karton
Alufolie
Zahnstocher

1 Zubereitung der Kugeln:
Jeden Pizzateig in 20 Quadrate schneiden (1). Die Kirschtomaten, Cocktailwürstchen und die grünen Oliven in die Mitte der Quadrate legen (2). Die Teig-Quadrate um ihren Belag aufrollen und Kugeln formen (3). Die Kugeln mit Eigelb bestreichen und bei 180 °C 15 Minuten im Ofen backen.

2 Herstellung des Ständers:
Aus einem Stück Karton ein 35 cm hohes und 15 cm breites Dreieck ausschneiden. Dann ein zweites Dreieck von 40 cm Höhe und 15 cm Breite ausschneiden. Das größere der Dreiecke von der Mitte der unteren Kante zur Spitze des Dreiecks hin einschneiden, dabei 5 cm Abstand zur Spitze lassen (4). Die zwei Dreiecke anschließend zusammenstecken, um einen Ständer zu formen. Danach mit Alufolie verkleiden (5-6).

3 Montage:
Die Kugeln nach der Backzeit mithilfe von Zahnstochern auf den Ständer stecken (7). Raclette-Käse in der Sahne schmelzen. Den geschmolzenen Käse über das Aperitif-Bäumchen gießen (8) und mit klein geschnittener Petersilie dekorieren. Warm servieren (9).

CHEFCLUB-TIPP
Ihr Käsefondue ist zu kompakt? Lösen Sie 2 EL Maizena® in 3 EL Weißwein auf und bringen Sie das Gemisch unter Rühren zum Kochen. Geben Sie ein wenig dieser Zubereitung zum Käse hinzu und rühren Sie so lange, bis eine homogene Masse entsteht.

DAS REZEPT ALS VIDEO
Scannen Sie den QR Code oder tippen Sie 19724 in die Chefclub App

1

2

3

4

5

6

7

8

9

HERZHAFTE GEMÜSE-MUFFINS

HERRLICH LEICHT UND SOOO KÖSTLICH

LIGHT & FUN REZEPTE

6 PERSONEN

ZUBEREITUNG
35 Minuten

ZUTATEN
Für 6 Muffins
150 g Mehl
1 Päckchen Backpulver
3 Eier
120 ml Magermilch
1 EL Paprikapulver
2 Brokkoli-Röschen
2 Champignons
2 Kirschtomaten
50 g Feta
Salz

MATERIAL
1 Muffinform

1 Mehl, Backpulver, Eier, Milch, Paprikapulver und Salz so lange mischen, bis ein geschmeidiger Teig entsteht (1).

2 Die Vertiefungen der Muffinform wie folgt befüllen: Zwei Mulden werden bestückt mit je einem Stück vorgekochtem Brokkoli, die zwei weiteren Mulden mit je einem geschälten Champignon und die letzten zwei Mulden mit je einer Kirschtomate (2). Die Teigzubereitung in die Form füllen und einige Würfel Feta auf die einzelnen Muffins geben (3).

3 Bei 180 °C 10 Minuten im Ofen backen. Mit Chicoréeblättern und dünnen Streifen Rotkohl servieren und ofenwarm genießen (4).

CHEFCLUB-TIPP

Sollten Sie kein Backpulver zur Hand haben, ist das kein Problem! Anstatt Ihrem Teig ganze Eier hinzuzufügen, schlagen Sie die Eiweiße steif und heben Sie sie vorsichtig unter Ihre Mischung.

DAS REZEPT ALS VIDEO
Scannen Sie den QR Code oder tippen Sie 99833 in die Chefclub App

KABELJAU-WAFFELN

EIN KALORIENARMER KNUSPERGENUSS

LIGHT & FUN REZEPTE

4 PERSONEN

ZUBEREITUNG
30 Minuten

ZUTATEN
Für 8 Waffeln
3 Kartoffeln
200 g Kabeljau
1 Brokkoli
2 Eier
1 EL Paprikapulver
100 ml Crème légère
1/2 Zitrone
Schnittlauch
Salz und Pfeffer

MATERIAL
1 Käsereibe
1 Eisportionierer
1 Waffeleisen

1 Kartoffeln schälen und in Salzwasser garen. Den Kabeljau 20 Minuten lang dampfgaren (1) und dann zerzupfen. Anschließend gegarte Kartoffeln, Kabeljau, geriebene Brokkoli-Röschen, Eier und Paprikapulver vermischen. Salzen und pfeffern.

2 Zwei Kugeln der Mischung auf ein Waffeleisen legen (2-3). Die Waffeln einigen Minuten backen, bis sie eine schöne goldgelbe Farbe angenommen haben. Insgesamt 8 Waffeln zubereiten.

3 Crème fraîche, klein geschnittenen Schnittlauch und Zitronensaft mischen, dann salzen und pfeffern. Die kleinen Kabeljau-Waffeln mit Dip servieren und genießen (4).

CHEFCLUB-TIPP

Sie wohnen nicht direkt am Meer oder haben nicht die Möglichkeit, frischen Fisch zu kaufen? Ein Glück, dass es Tiefkühlprodukte gibt! Tiefgekühlter Fisch hat im Vergleich zu frischem Fisch den Vorteil, über einen besseren Nährstoffgehalt zu verfügen, da er direkt nach dem Fang – manchmal sogar direkt auf dem Boot – verarbeitet wurde. Ganz schön praktisch und gut für Ihre Gesundheit!

DAS REZEPT ALS VIDEO
Scannen Sie den QR Code oder tippen Sie 86569 in die Chefclub App

DANKE

Hoch die Tassen! Chefclub trinkt auf Ihr Wohl und bedankt sich herzlich bei Ihnen!

Nach dem Erfolg des ersten Chefclub-Buchs und aufgrund der vielen Anfragen aus unserer Community haben wir uns an die Arbeit gemacht und eine nach Themen geordnete Kochbuch-Kollektion entworfen. Unserem kleinen Team ist es gelungen, in sehr kurzer Zeit sehr viele neue Inhalte zu veröffentlichen. Und das ist, auch wenn es uns zuerst nicht so vorgekommen ist, eigentlich ein kleines Wunder.

Wir können also gar nicht anders, als das Engagement und den Zusammenhalt aller Mitglieder des Chefclub-Teams hervorzuheben. Selbst die Mitarbeiter, die sonst nicht an der Erstellung unserer Bücher beteiligt sind, haben mit angepackt und mit den restlichen Teammitgliedern dafür gesorgt, dass die Veröffentlichung dieses Buches absolut reibungslos verläuft.

Herzhafte Grüße,

Ihr Chefclub-Team

Chefclub

Chefclub® NETWORK

NOCH MEHR REZEPTE IN DER CHEFCLUB-APP!

KOSTENLOSER DOWNLOAD !

JETZT BEI Google Play

Laden im App Store

IHR WILLKOMMENS-PACK!

Herzlichen Glückwunsch! Sie gehören jetzt offiziell zum Chefclub-Team!
Um das zu feiern, schenken wir Ihnen 3 neue Rezepte,
die Sie sich als Videos auf einem Smartphone oder einem Tablet ansehen können.

ENTDECKEN SIE 3 ÜBERRASCHUNGSREZEPTE!

So finden Sie die Überraschungsvideos :

1. Laden Sie kostenlos die Chefclub-App herunter.
2. Öffnen Sie die App, drücken Sie auf das HAUS-Symbol und scannen Sie den oben stehenden QR-Code, um das jeweilige Video anzuzeigen. An die Kochlöffel, fertig ... los!

Laden im App Store

JETZT BEI Google Play

2019, Snacking Media
53, rue de Chabrol
75010 Paris - Frankreich

Pflichtexemplar: April 2019
ISBN: 978-2-490129-32-4
Zweite Auflage
Gedruckt in Europa von Koryo im August 2020